شوونځی - mokykla	2
سفر - kelionė	5
ټرانسپورټ - transportas	8
ښار - miestas	10
منظره - kraštovaizdis	14
ریستورانټ - restoranas	17
لوی پلورنځی - prekybos centras	20
څښاک - gėrimai	22
خواړه - maistas	23
کرونده - ūkininko ūkis	27
کور - namas	31
د اوسیدو خونه - svetainė	33
پخلنځی - virtuvė	35
حمام - vonios kambarys	38
د ماشوم خونه - vaiko kambarys	42
پوښاک - drabužis	44
دفتر - biuras	49
اقتصاد - ekonomika	51
مسلکونه - profesijos	53
لوازم - įrankiai	56
د میوزیک آلاټ - muzikos instrumentai	57
ژوبڼ - zoologijos sodas	59
ورزش - sportas	62
فعالیتونه - užsiėmimai	63
کورنۍ - šeima	67
بدن - kūnas	68
روغتون - ligoninė	72
عاجل - nelaimingas atsitikimas	76
ځمکه - Žemė	77
ساعت - laikrodis	79
اونۍ - savaitė	80
کال - metai	81
شکلونه - formos	83
رنګـونه - spalvos	84
متضاد - priešingos reikšmės žodžiai	85
شمیری - skaičiai	88
ژبی - kalbos	90
څوک/څه/څنګـه - kas / ką / kaip	91
چیري - kur	92

ښوونځی
mokykla

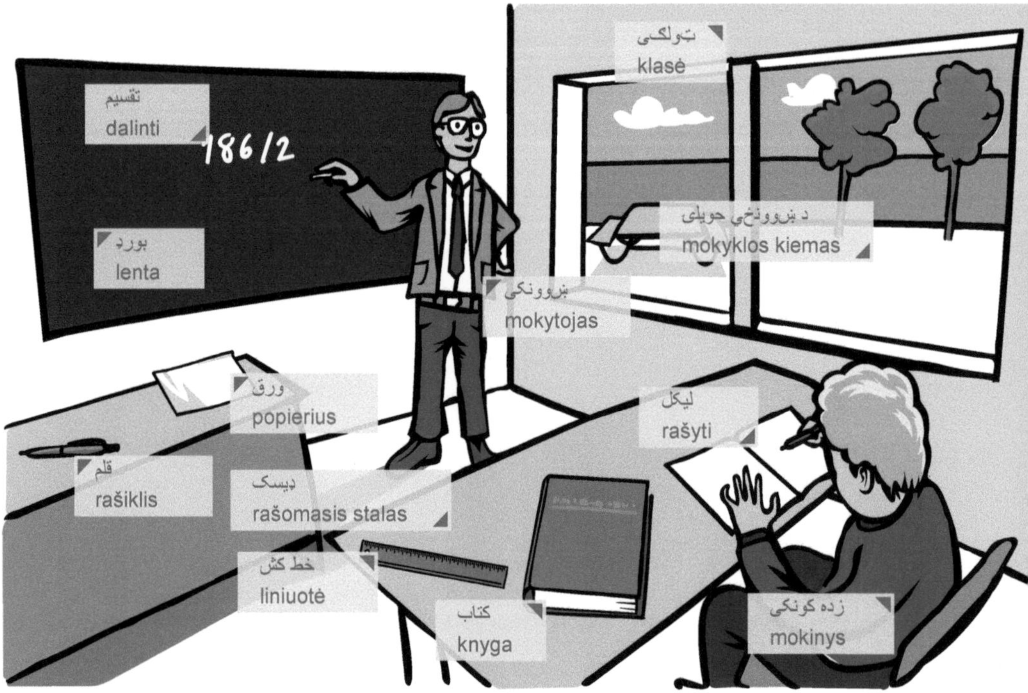

ټولګی
klasė
تقسیم
dalinti
186/2
بورډ
lenta
د ښوونځي حویلۍ
mokyklos kiemas
ښوونکی
mokytojas
ورق
popierius
لیکل
rašyti
قلم
rašiklis
ډیسک
rašomasis stalas
خط کش
liniuotė
کتاب
knyga
زده کوونکی
mokinys

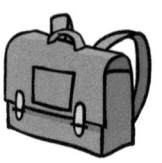

کڅوړه
....
kuprinė

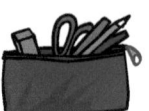

د پنسل بکسه
....
penalas

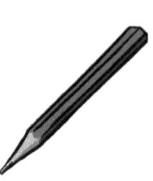

پنسل
....
pieštukas

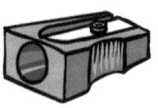

پنسل تراش
....
drožtukas

ربړ
....
trintukas

د رسامۍ پاڼه
....
piešimo bloknotas

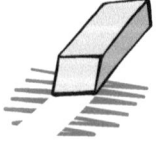

رسامي

piešinys

د نقاشی برس

teptukas

د نقاشی بکس

dažų dėžutė

قيچي

žirklės

سریش

klijai

د تمرین کتاب

vadovėlis

کورنی دنده

namų darbai

شمیر

numeris

جمع

pridėti

منفي

atimti

ضرب

dauginti

حساب

skaičiuoti

توری

raidė

ABCDEFG
HIJKLMN
OPQRSTU
VWXYZ

الفبا

abėcėlė

hello

کلمه

žodis

متن
....
tekstas

لوستل
....
skaityti

تباشیر
....
kreida

درس
....
pamoka

راجستر
....
dienynas

ازموینه
....
egzaminas

تصدیق پاڼه
....
pažymėjimas

د ښوونځي یونیفارم
....
mokyklinė uniforma

تعلیم
....
išsilavinimas

دایره المعارف
....
enciklopedija

پوهنتون
....
universitetas

مایکروسکوپ
....
mikroskopas

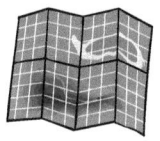

نقشه
....
žemėlapis

اشغالدانی
....
šiukšliadėžė

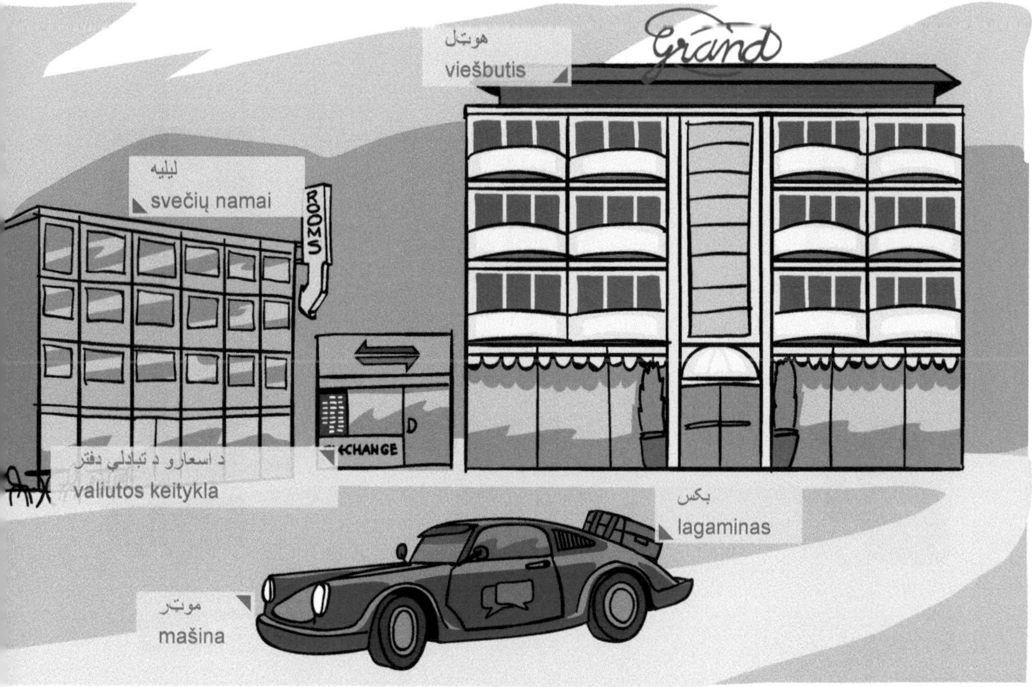

هوټل
viešbutis
Grand
ليليه
svečių namai
ROOMS
د اسعارو د تبادلې دفتر
valiutos keitykla
EXCHANGE
بکس
lagaminas
موټر
mašina

ژبه
kalba

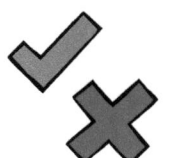

هو/نه
taip / ne

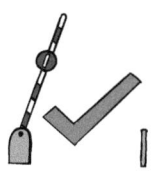

سمه ده
Gerai

سلام
sveiki

ژباړونکی
vertėjas raštu

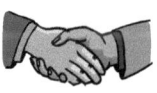

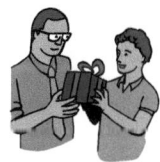

مننه
Ačiū

څومره دي...؟

kiek kainuoja...?

زه نه پوهیږم

aš nesuprantu

ستونزه

problema

ماښام مو پخیر!

Labas vakaras!

سهار په خیر!

Labas rytas!

شپه په خیر!

Labos nakties!

په مخه مو ښه

viso gero

لارښود

kryptis

سامان

bagažas

بیگ

krepšys

شاتنی بکس

kuprinė

میلمه

svečias

خونه

kambarys

د خوب کڅوړه

miegmaišis

خیمه

palapinė

د توريزم معلومات

turizmo informacija

ساحل

paplūdimys

کريډيټ کارت

kreditinė kortelė

ناری

pusryčiai

د غرمي خواړه

pietūs

د شپې خواړه

vakarienė

ټیکټ

bilietas

لفټ

liftas

مهر

pašto ženklas

پوله

siena

کمرک

muitinė

سفارت

ambasada

ويزه

viza

پاسپورت

pasas

transportas

الوتکه
lėktuvas

بیری
laivas

د اور ماشین
gaisrinė mašina

بس
autobusas

ترک
sunkvežimis

موټرکښتی
motorinė valtis

بایک
motociklas

موټر
mašina

کښتی
keltas

کښتی
valtis

موټرسایکل
mopedas

د پولیسو موټر
policijos automobilis

د ریس موټر
lenktyninis automobilis

کرایی موټر
nuomojamas automobilis

د کرایه موټری

bendras automobilio naudojimas

جرثقیل لرونکی ټرک

techninės pagalbos automobilis

ریفیوز ټرک

šiukšliavežė

موټر

variklis

سونګ توکی

degalai

پټرول ستیشن

degalinė

ترافیکي نښه

kelio ženklas

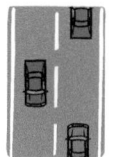

ترافیک

eismas

جام ترافیک

eismo spūstis

د موټرو تمځای

mašinų stovėjimo aikštelė

د ریل ستیشن

traukinių stotis

پاتنکي

bėgiai

ریل

traukinys

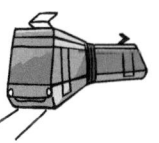

ټرام

tramvajus

واګون

vagonas

چورلکه

sraigtasparnis

هوايي ډکر

oro uostas

برج

bokštas

مسافر

keleivis

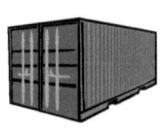

کانتېنر

konteineris

کارتون

dėžė

کارت

vežimėlis

ټوکری

krepšys

الوتنه کوؤل/کښېناستل

pakilti / nusileisti

ښار

miestas

کلی

kaimas

د ښار مرکز

miesto centras

کور

namas

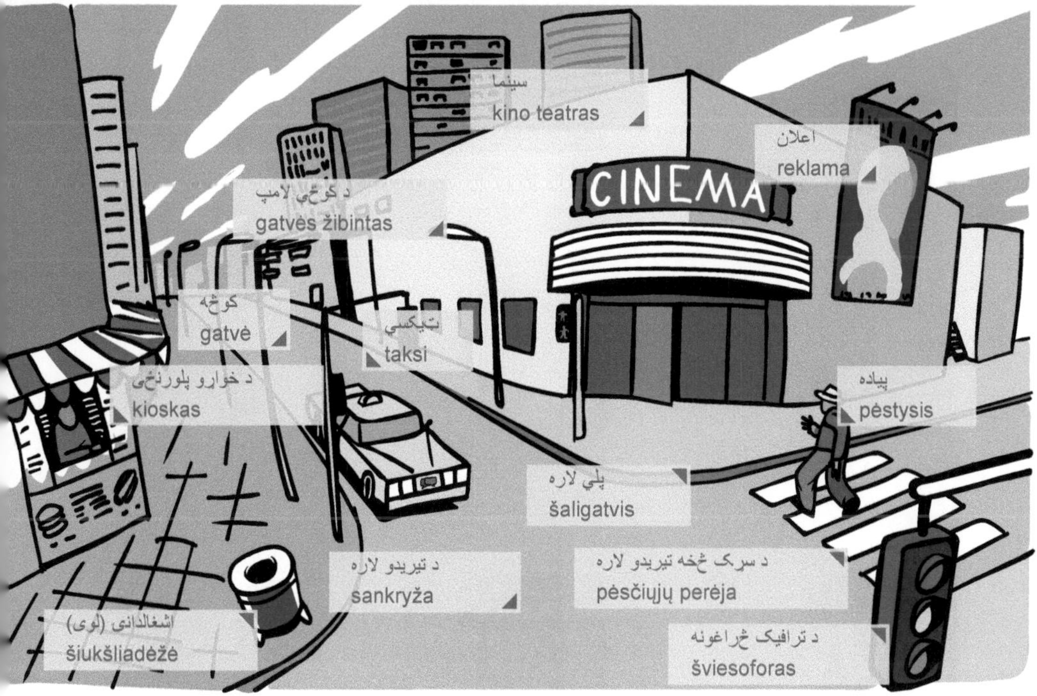

سینما
kino teatras

اعلان
reklama

د کوڅي لامپ
gatvės žibintas

کوڅه
gatvė

ټیکسي
taksi

پیاده
pėstysis

د خوارو پلورنځی
kioskas

پلي لاره
šaligatvis

د تیریدو لاره
sankryža

د سرک څخه تیریدو لاره
pėsčiujų perėja

اشغالدانی (لوی)
šiukšliadėžė

د ترافیک څراغونه
šviesoforas

کوډله
trobelė

اپارتمان
butas

د ریل ستیشن
traukinių stotis

ټاون هال
rotušė

میوزیم
muziejus

ښوونځی
mokykla

پوهنتون

universitetas

بانک

bankas

روغتون

ligoninė

هوټل

viešbutis

درملتون

vaistinė

دفتر

biuras

کتاب پلورنځی

knygynas

پلورنځی

parduotuvė

د ګلانو پلورنځی

gėlių parduotuvė

لوی پلورنځی

prekybos centras

مارکیت

turgus

د ډیپارټمنت سټور

universalinė parduotuvė

کب پلورنځی

žuvies parduotuvė

د پلور مرکز

prekybos centras

لنگرتون

uostas

پارک

parkas

بینچ

suoliukas

پل

tiltas

زینه

laiptai

د ځمکي لاندی

metro

تونل

tunelis

بس تمځای

autobusų stotelė

بار

baras

ریسټورانټ

restoranas

پوست بکس

lauko pašto dėžutė

د کوڅی نښه

kelio ženklas

د پارک کولو مینټر

parkomatas

ژوبڼ

zoologijos sodas

د لامبو حوض

baseinas

مسجد

mečetė

كروونده
ūkininko ūkis

ناپاكي
tarša

هديره
kapinės

چرچ
bažnyčia

د لوبو ډكر
žaidimų aikštelė

معبد/كليسا
šventykla

منظره

kraštovaizdis

پاڼه
lapas

د لارښوونی نښه
kelio rodyklė

لاره
kelias

چمن
pieva

كاڼی
akmuo

ونه
medis

هېکر
ėjikas

سیند
upė

واښه
žolė

ګل
gėlė

دره

slėnis

غوندی

kalva

ناور

ežeras

ځنگل

miškas

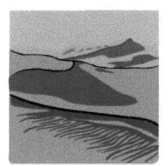

دښته

dykuma

اورشيندی

ugnikalnis

كلا

pilis

رنگين کمان

vaivorykštė

مرخيري

grybas

پلم ونه

palmė

ماشي

uodas

الوتل

musė

ميږی

skruzdėlė

مچی

bitė

غوند/جولا

voras

كۆنكت
vabalas

چونگبه
varlė

نولى
voverė

زيرکى
ežys

سوى
kiškis

كۆنگ
pelėda

مرغى
paukštis

قازه
gulbė

نرخوک
šernas

هوسى
elnias

گاوزه
briedis

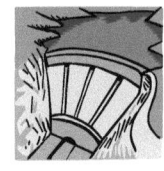

بند
užtvanka

بادي توربين
vėjo jėgainė

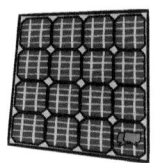

سولر تختى
saulės baterija

اقليم
klimatas

ریستورانټ
restoranas

پیشخدمت
padavėjas
مینو
meniu
چوکۍ
kėdė
سوپ
sriuba
پیزا
pica
د میز ټوټه
staltiesė
ښاخۍ، چاقو، کاشوغه
stalo įrankiai

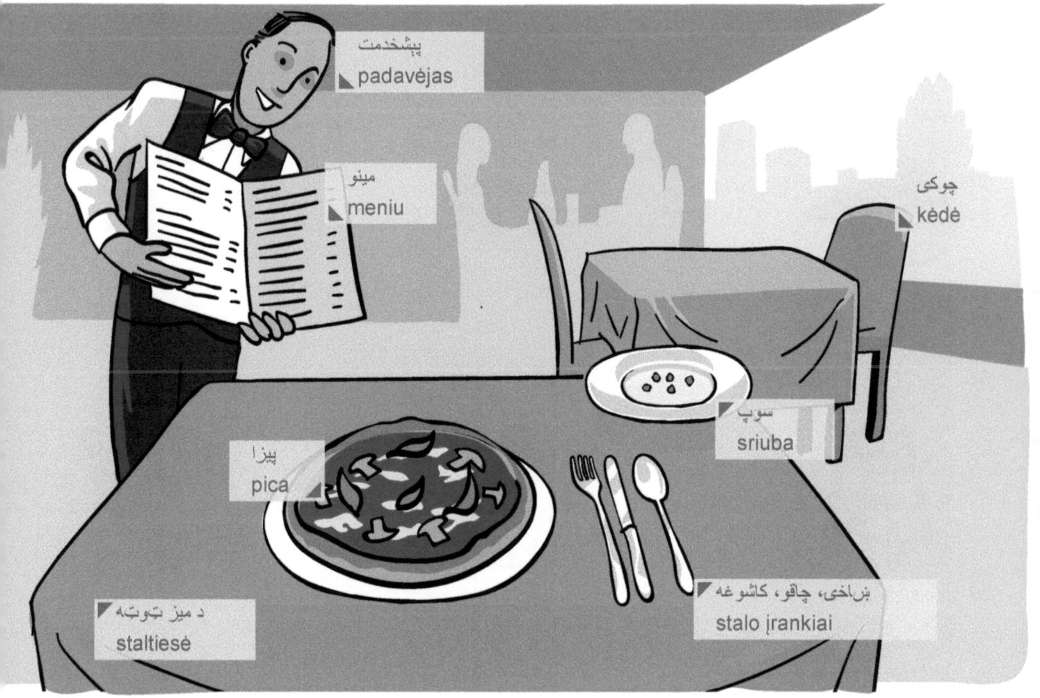

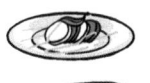

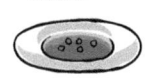

سټارټر

užkandis

اصلي خواړه

pagrindinis patiekalas

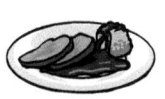

شیرني

desertas

څښاک

gėrimai

خواړه

maistas

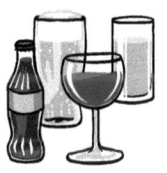

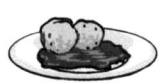

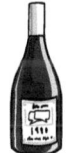

بوتل

butelis

فاست فود

greitai pateikiamas maistas

د کوڅی خواره

gatvės maistas

چای جوش

arbatinukas

قندانئی

cukrinė

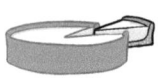

برخه

porcija

اسپرسو مشین

espreso aparatas

لوړه چوکی

aukšta kėdė

رسید

sąskaita

مجمه

padėklas

چاکو

peilis

پنجه

šakutė

قاشق

šaukštas

چای قاشق

arbatinis šaukštelis

سورويت

servetėlė

گلاس

stiklinė

پلیت

lėkštė

د سوپ پلیت

sriubos lėkštė

نالبکی

padėklas

ساس

padažas

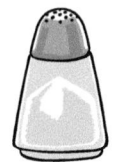

مالگه شیندونکی

druskinė

د مرچ ټکولو لوخی

pipirų malūnėlis

سرکه

actas

غوري

aliejus

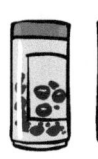

مساله

prieskoniai

کچ اپ

kečupas

شرشم

garstyčios

چکه

majonezas

لوی پلورنځی
prekybos centras

ځانګړی وړاندیز
specialus pasiūlymas
FOR
پیرودونکی
pirkėjas
لبنیات
pieno produktai
میوه
vaisiai
لاسي ځرخ
troleibusas

BUTCHERS

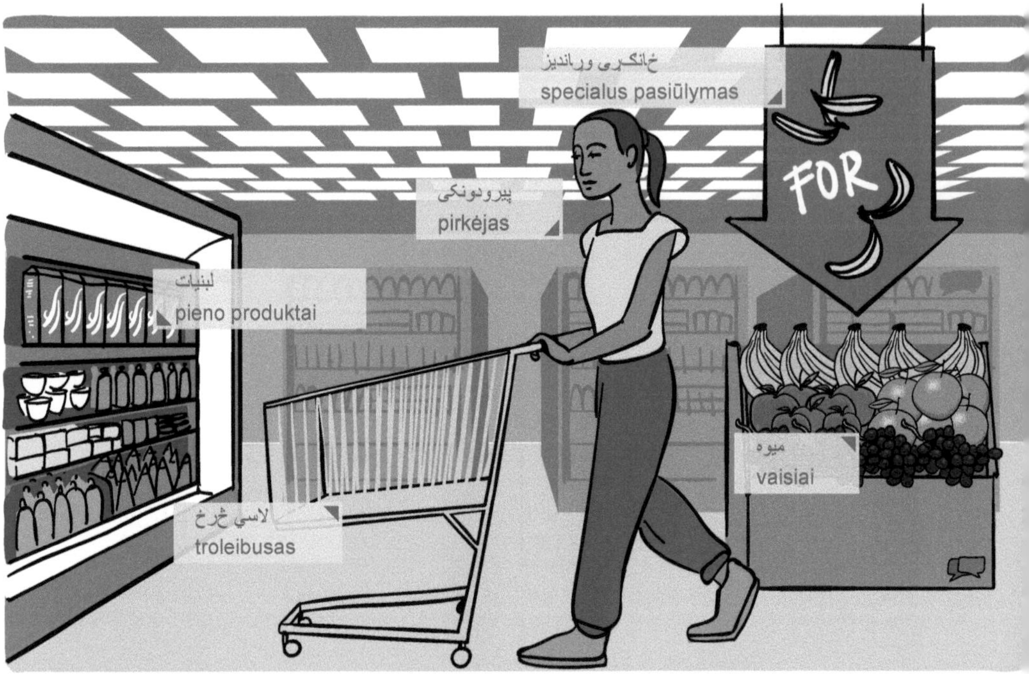

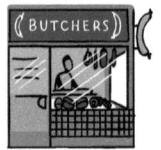

قصابي
....
mėsos parduotuvė

BAKERY

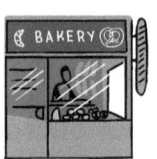

نانوایی
....
kepykla

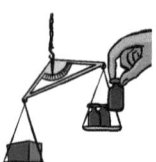

وزن کول
....
sverti

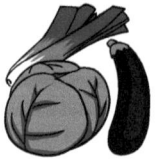

سبزیجات
....
daržovės

غوښه
....
mėsa

کنګل خواړه
....
šaldytas maistas

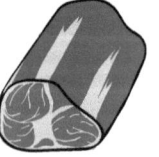

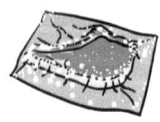

رژه غوښه

šalti mėsos užkandžiai

کنسروا غواره

konservai

د میلمنو پوډر

skalbimo milteliai

شیریني

saldumynai

کورني تولیدات

ūkinės prekės

د پاکولو محصولات

valymo priemonės

د پلور فرد

pardavėja

د نغدي راجستر

kasos aparatas

صراف

kasininkas

د پیرود لیست

pirkinių sąrašas

کاري ساعتونه

darbo valandos

بټوه

piniginė

کریډیټ کارت

kreditinė kortelė

کڅوړه

maišelis

پلاستیک کڅوړه

plastikinis maišelis

اوبه

vanduo

جوس

sultys

شیده

pienas

کوک

kola

واین

vynas

بیر

alus

الکول

alkoholis

ککاو

kakava

چای

arbata

کافي

kava

اسپرسو

espresas

کپچینو

kapučinas

كيله

bananas

مڼه

obuolys

نارنج

apelsinas

هندوانه

arbūzas

ليمو

citrina

گازره

morka

هوږه

česnakas

بانکس

bambukas

پياز

svogūnas

مرغيري

grybas

چنزی

riešutai

آش

makaronai

سپیگتي

spagečiai

وریجي

ryžiai

سلاد

salotos

چپس

traškučiai

سره کري کچالو

keptos bulvės

پیزا

pica

همبرگر

mėsainis

ساندویچ

sumuštinis

کتره

pjausnys

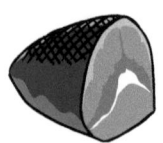

د پتون غوښه

kumpis

سلمي

saliamis

ساسج

dešrelė

چرک

vištiena

روست

kepsnys

کب

žuvis

د وربشی شیرزی

avižų dribsniai

موسلي

dribsniai su priedais

د جوار پلی

kukurūzų dribsniai

اوړه

miltai

کروسانت

prancūziškasis ragelis

د ډوډۍ رول

bandelė

ډوډۍ

duona

ټوسټ

skrebutis

بسکیت

sausainiai

کوچ

sviestas

چکه

varškė

کیک

tortas

هګۍ

kiaušinis

پخی هګۍ

kiaušinienė

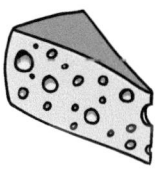

پنیر

sūris

آیس کریم

ledai

بوره

cukrus

شهد

medus

مربا

uogienė

نوگات کریم

tepamas šokoladas

کورکمان

karis

د کروندی حویه
sodyba

د بوسو کیدی
šieno kupeta

غوجل
klėtis

څمکه
laukas

اس
arklys

لاس گادی
priekaba

کوچنی اس
kumeliukas

تریکتر
traktorius

خر
asilas

پسه
avis

وری
ėriukas

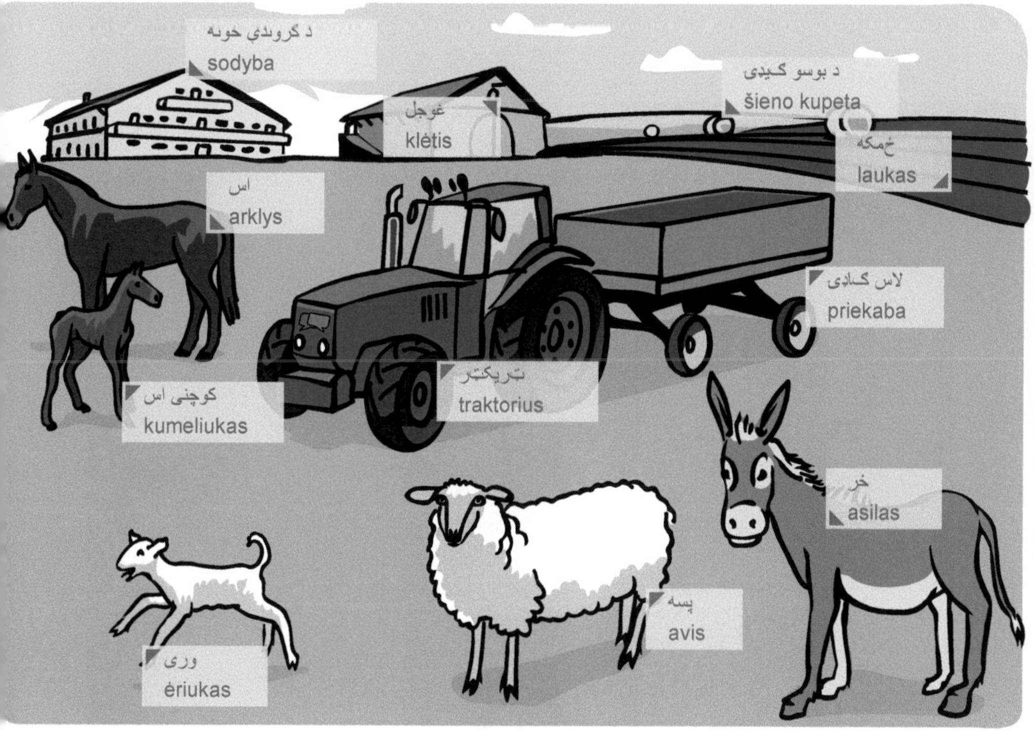

وزه
ožys

غوا
karvė

خوسکی
veršis

خوگ
kiaulė

د خوگ بچی
paršelis

غویی
bulius

بته
....
žąsis

هیلی
....
antis

چرګوری
....
viščiukas

چرګه
....
višta

بانګي
....
gaidys

سارای موږک
....
žiurkė

پیشک
....
katė

موږک
....
pelė

غوبی
....
jautis

سپی
....
šuo

د سپي كونه
....
šuns būda

د باغ هوز
....
sodo namas

د اوبو لوخی
....
laistytuvas

لور (داس)
....
dalgis

یوی
....
plūgas

لور

pjautuvas

رمبی

kauptukas

بزاخی

šakės

تبر

kirvis

کراچی

statinė

ناوه

lovys

د شیدو لوخی

bidonas

جوال

maišas

کتاره

tvora

مضبوط

arklidė

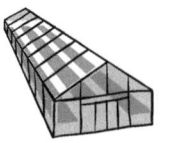

ثنه خونه

šiltnamis

خاوره

dirva

تخم

sėkla

سره/کود

trąšos

کـد ریونکی ماشین

kombainas

زیرمه کول
rinkti

درمند
derlius

خواره کچالو
saldžiosios bulvės

غنم
kviečiai

سویا
soja

کچالو
bulvė

جوار
kukurūzai

نباتي تخم
rapsai

د میوی ونه
vaismedis

مانیوک
manijokas

غله
grūdai

کور

namas

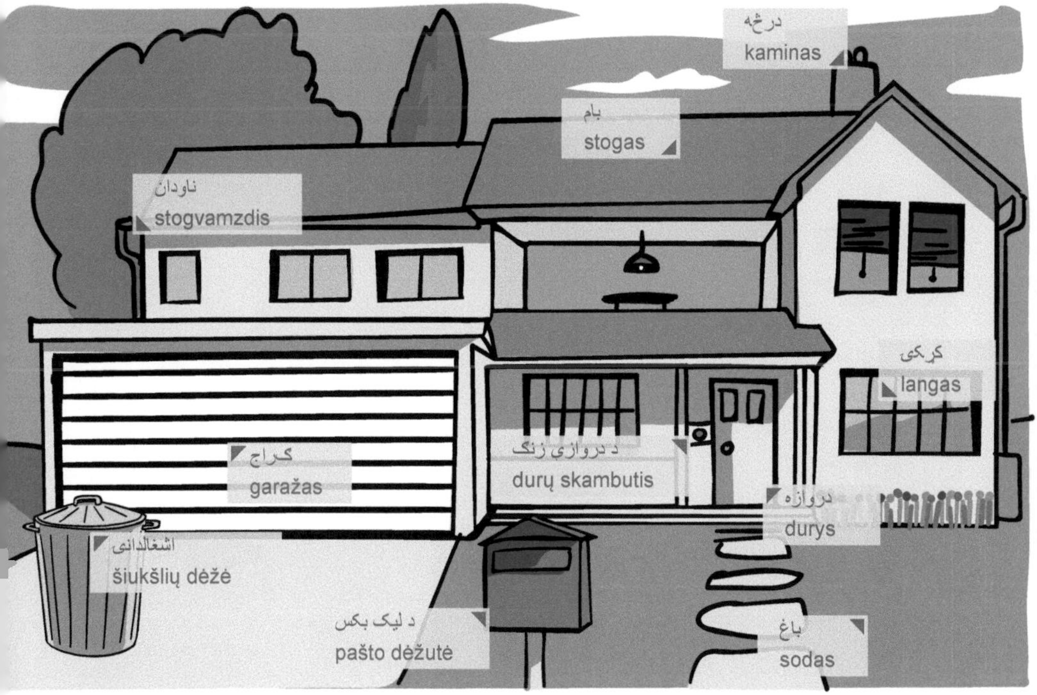

درځه
kaminas
بام
stogas
ناودان
stogvamzdis
کړکۍ
langas
ګراج
garažas
د دروازې زنګ
durų skambutis
دروازه
durys
اشغالدانی
šiukšlių dėžė
د لیک بکس
pašto dėžutė
باغ
sodas

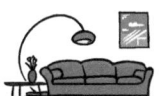

د اوسیدو خونه

svetainė

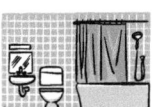

حمام

vonios kambarys

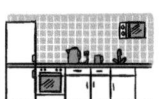

پخلنځی

virtuvė

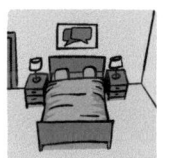

د ویده کیدو خونه

miegamasis

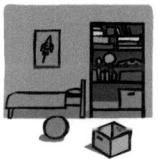

د ماشوم خونه

vaiko kambarys

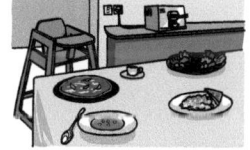

د خوارو خونه

valgomasis

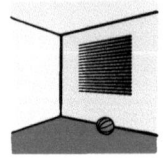

فرش

grindys

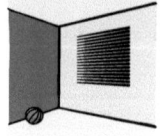

دیوال

siena

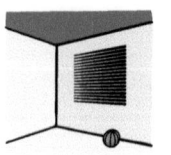

چت

lubos

زیرخانه

rūsys

سونا

sauna

بالکوني

balkonas

تراس

terasa

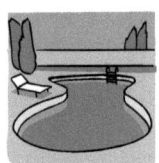

حوض

baseinas

د چمن وهلو ماشین

žoliapjovė

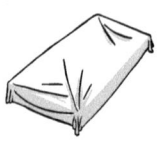

شیت

paklodė

روجایی

lovatiesė

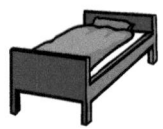

تخت

lova

جارو

šluota

بوکه

kibiras

سویچ

jungiklis

د اوسیدو خونه
svetainė

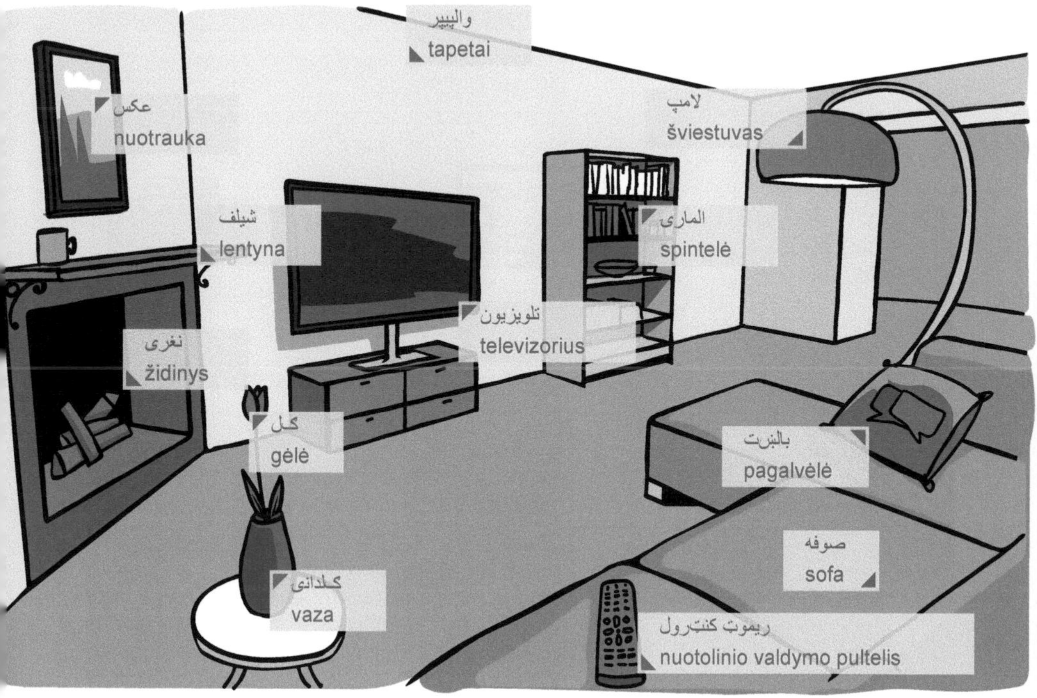

والپیپر
tapetai
عکس
nuotrauka
لامپ
šviestuvas
شیلف
lentyna
الماری
spintelė
تلویزیون
televizorius
نغری
židinys
ګل
gėlė
بالښت
pagalvėlė
صوفه
sofa
ګلدانی
vaza
ریموټ کنټرول
nuotolinio valdymo pultelis

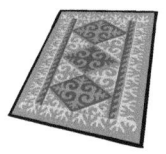

غالی

kilimas

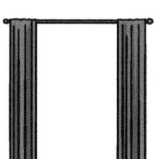

پرده

užuolaida

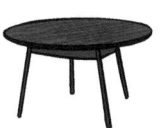

میز

stalas

چوکی

kėdė

تاویدونکې چوکی

supamasis krėslas

بازو لرونکی چوکی

fotelis

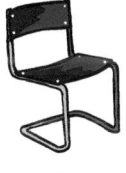

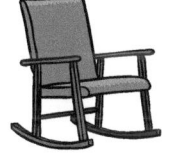

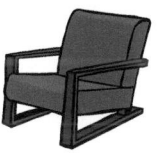

كتاب

knyga

كمپل

antklodė

ديكوريشن

papuošimai

د اور لرکي

malkos

فلم

filmas

هايفاى

stereo aparatūra

كلي

raktas

ورځپاڼه

laikraštis

نقاشي

paveikslas

پوسټر

plakatas

راديو

radijas

كتابچه

užrašų knygelė

واكيوم جارو

dulkių siurblys

كاكټوس

kaktusas

شمع

žvakė

پخلنځی
virtuvė

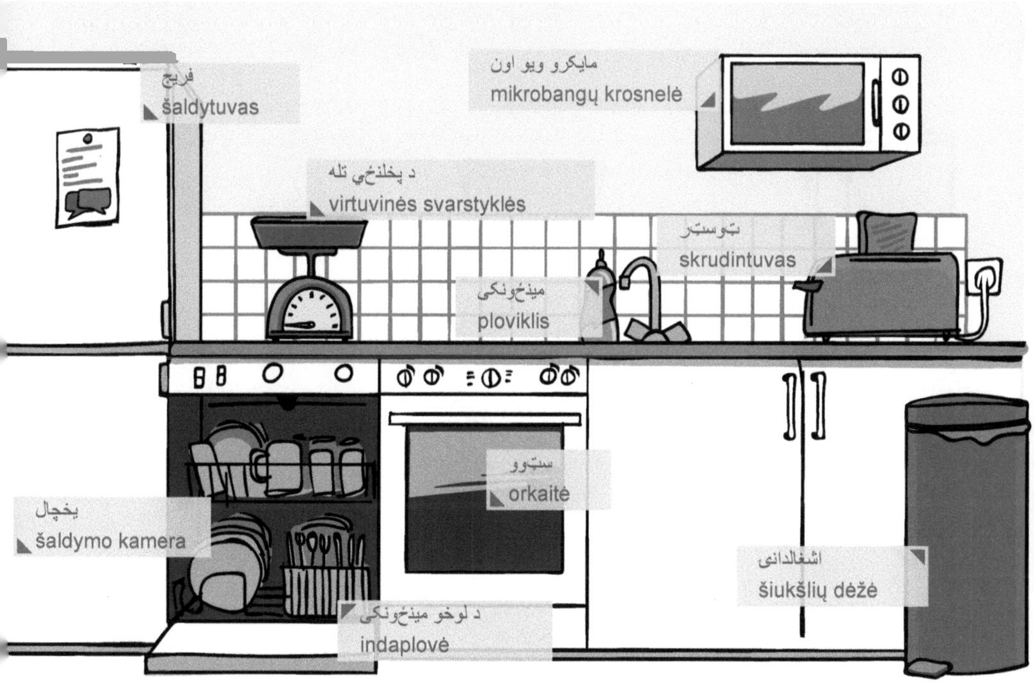

فریج
šaldytuvas
مایکرو ویو اون
mikrobangų krosnelė
د پخلنځي تله
virtuvinės svarstyklės
ټوستر
skrudintuvas
مینځونکی
ploviklis
سټوو
orkaitė
یخچال
šaldymo kamera
اشغالدانی
šiukšlių dėžė
د لوخو مینځونکی
indaplovė

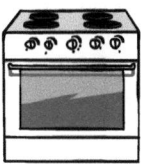

دیګ بخار

viryklė

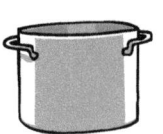

لوخی

puodas

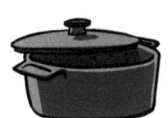

چدني لوخی

ketaus puodas

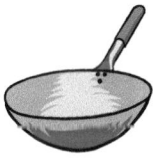

ووک

„wok“ keptuvė

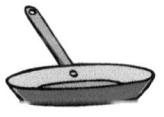

د تلي په

keptuvė

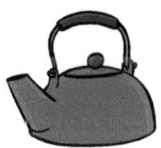

چای جوش

virdulys

د بخار ديگ

garų puodas

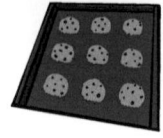

پتنوس

kepimo skarda

لوخي

porceliano indai

مگ

puodelis

كاسه

dubuo

د رانيولو اوزار

valgomosios lazdelės

ټمڅی

samtis

كفگير

mentelė

پاكونكى

plaktuvas

صافي

koštuvas

غلبيل

sietas

كريټر

trintuvė

اونگ

grūstuvė

بار بي كيو

kepsninė

خلاص اور

atvira liepsna

ته‌خته‌ی

pjaustymo lentelė

هوارونکی

kočėlas

کارک سکریو

kamščiatraukis

تَیم

skardinė

د تَیم خلاصونکی

skardinių atidarytuvas

د لوخي بَوتَه

puodkėlė

ظرف شوی

kriauklė

برس

šepetys

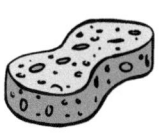

سپنج

kempinė

بلیندر

trintuvas

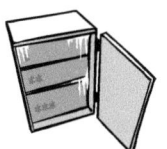

ژور یخچال

šaldiklis

د ماشوم بوتَل

kūdikių buteliukas

نل

čiaupas

vonios kambarys

شاور
dušas

تودول
šildymas

جان پاک
rankšluostis

د شاور پرده
dušo užuolaidos

ببل حمام
vonios putos

د حمام ټب
vonia

کلاس
stiklinė

د مینځلو مشین
skalbimo mašina

ټایلونه
plytelės

نل
čiaupas

یو دول کمود
naktinis puodukas

ظرف شوی
kriauklė

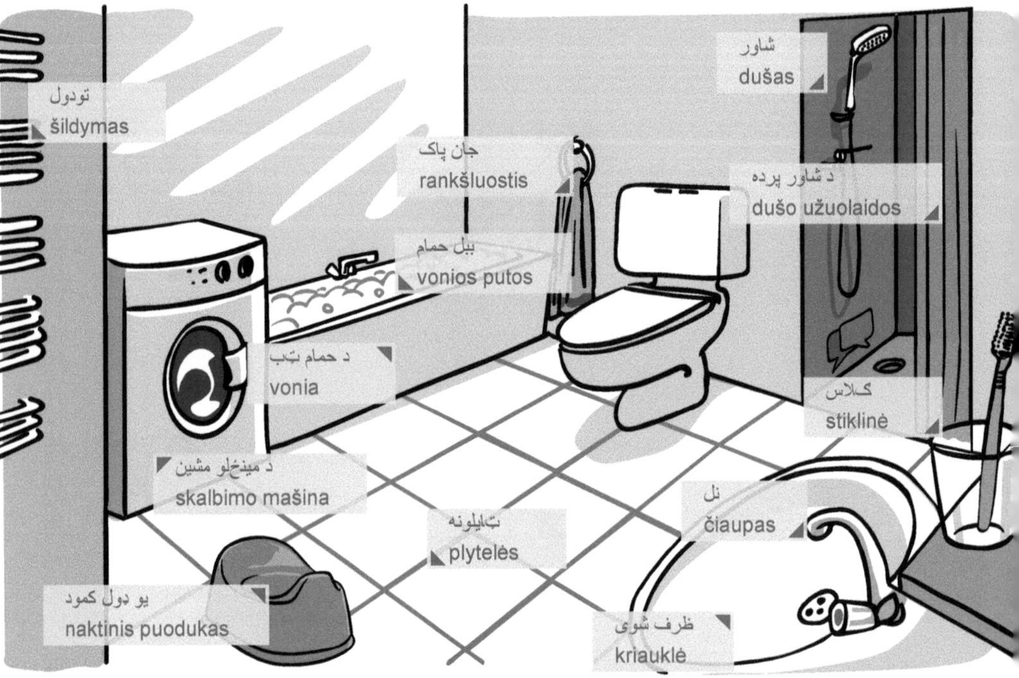

تشناب
unitazas

فرشي کمود
tupimasis unitazas

کمود
bidė

د متیازو خای
pisuaras

تشناب کاغذ
tualetinis popierius

د تشناب برس
unitazo šepetys

١ ﺑﺮﺱ ﺩﺍﻧﺪﻭﻥ

dantų šepetėlis

ﺩ ﻏﺎﺵﻭﻧﻮ ﻛﺮﻳﻢ

dantų pasta

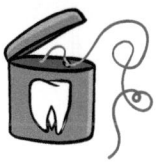

ﺩ ﻏﺎﺵﻭﻟﻮ ﻧﺦ

dantų siūlas

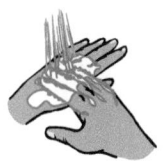

ﻣﻴﻨﺨﻞ

plauti

ﻻﺳﻲ ﺷﺎﻭﺭ

dušo galvutė

ﺩﻭﺵ

higieninis dušas

ﺧﺎﻧﮏ

praustuvas

ﺩ ﺷﺎ ﺑﺮﺱ

nugaros plaušinė

ﺻﺎﺑﻮﻥ

muilas

ﺩ ﺷﺎﻭﺭ ﮊﻝ

dušo želė

ﺷﺎﻣﭙﻮ

šampūnas

ﻓﻼﻧﻞ ﺟﺎﻣﻪ

plaušinė

ﻭﭼﻮﻝ

kanalizacija

ﻛﺮﻳﻢ

kremas

ﺳﭙﺮﻯ

dezodorantas

آینه

veidrodis

لاسي آینه

veidrodėlis

ریزر

skustuvas

د خریلو فوم

skutimosi putos

د خریلو وروسته

losjonas po skutimosi

کمذخ

šukos

برس

šepetys

د ویښتانو وچونکی

plaukų džiovintuvas

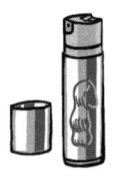

د ویښتانو سپری

plaukų lakas

میک اپ

makiažas

لیپ ستیک

lūpdažis

د نوکانو پالش

nagų lakas

کاتن وری

vata

ناخن گیر

žirklutės nagams

عطر

kvepalai

د سینځلو کڅوړه

maišelis skalbiniams

سټول

taburetė

د ورن کولو نله

svarstyklės

د حمام پوښاک

chalatas

د ربر دستکش

guminės pirštinės

تمامپون

tamponas

صحیی جان پاک

higieninis įklotas

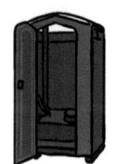

کیمیکل ټشناب

biotualetas

vaiko kambarys

د الارم ساعت
žadintuvas
د لوبو وسایل
pliušinis žaislas
د نانځکي موټر
žaislinė mašinėlė
ریټل
barškutis
د نانځکو خونه
lėlės namelis
ډالۍ
dovana

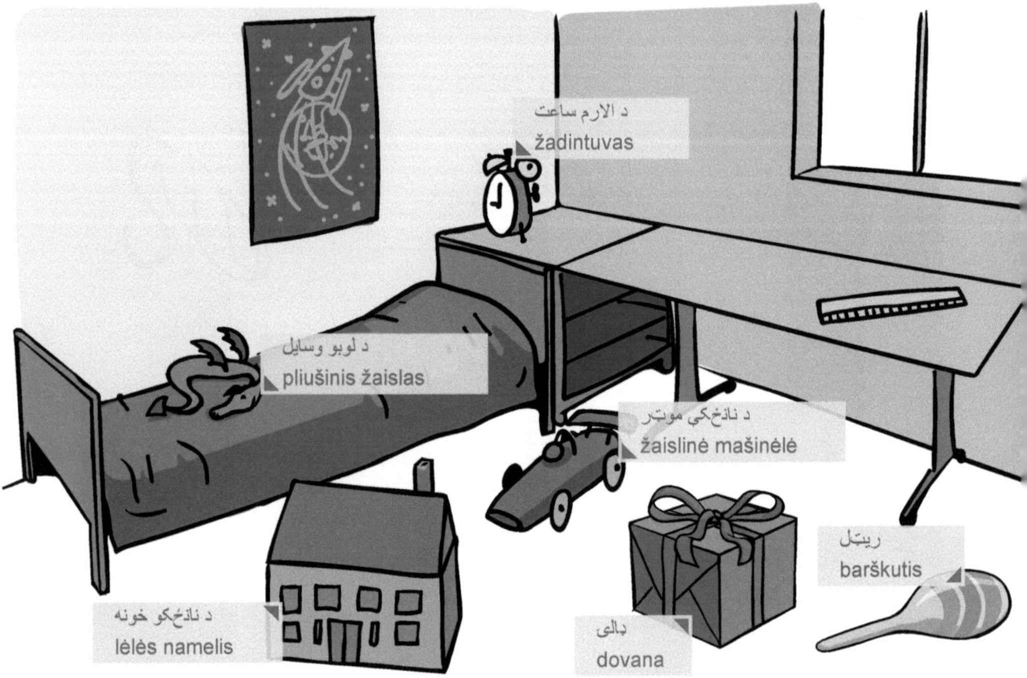

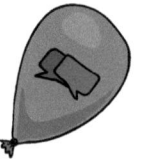

بالون

balionas

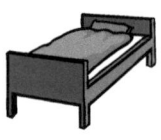

تخت

lova

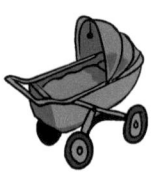

کالسکه

vaikiškas vežimėlis

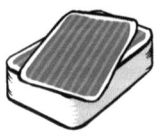

د لوبو ورقې

kortų malka

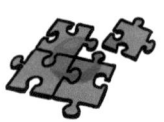

جیګسا

delionė

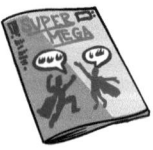

مسخره

komiksai

لیکو بریک

lego kaladėlės

د ناری بلاک

žaislinės kaladėlės

د اکشن فیگور

figūrėlė

د ماشوم پوښاک

šliaužtinukai

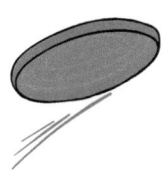

فریزبي

mėtymo lėkštė

موبایل

karuselė

بورد لوبه

stalo žaidimas

تاس

kauliukai

مادل ریل سیت

žaislinis traukinys

ګونګشی

žindukas

پارتي

vakarėlis

د عکسونو البوم

paveiksliukų knygelė

بال

kamuolys

ناری بکه

lėlė

لوبیدل

žaisti

د شکو کنده

smėlio dėžė

سوینگ

sūpynės

ناڅوکي

žaislai

د ویډیو لوبو کنسول

žaidimų konsolė

نترای سایکل

triratukas

ګوډۍکه

meškiukas

د کالو الماری

drabužių spinta

جرابۍ

kojinės

لوري جرابۍ

kojinės virš kelių

تایيتس

pėdkelnės

زروکی
šalikas

چتری
skėtis

تي شرت
marškinėliai

کمربند
diržas

سنيکر
sportbačiai

بوتان
ilgaauliai batai

سليپر
šlepetės

سيندل
....
sandalai

بوتان
....
batai

د ربر بوتان
....
guminiai batai

زيرنيکري
....
trumpikės

سينه بند
....
liemenėlė

واسکټ
....
liemenė

بادي

glaustinukė

پتلون

kelnės

جينز

džinsai

لمن

sijonas

بلاوز

palaidinė

شرت

marškiniai

بنيان

megztinis

سويتر

megztinis su gobtuvu

بليزر

švarkelis

جاكت

švarkas

كوت

paltas

د باران کوت

lietpaltis

پوښاک

kostiumas

کالي

suknelė

د واده پوښاک

vestuvinė suknelė

دريشي

kostiumas

د شپی پوښاک

naktiniai marškiniai

پاجامه

pižama

ساري

saris

لوپټه

skarelė

پټکی

tiurbanas

برقه

burka

كفتن

kaftanas

عبا

abaja

د لامبو پوښاک

maudymosi kostiumėlis

نيکر

glaudės

شارټ

šortai

د خُغاستي پوښاک

sportinis kostiumas

پیش بند

prijuostė

دستکش

pirštinės

بتن

saga

عینک

akiniai

لاس بند

apyrankė

غاړه کۍ

vėrinys

ګوتمه

žiedas

غوږوالۍ

auskaras

خولۍ

kepurė

کوت بند

pakabas

خولۍ

skrybėlė

نتایۍ

kaklaraištis

ځنځیر

užtrauktukas

هیلمیت

šalmas

ترونکی

breketai

د ښوونځي یونیفارم

mokyklinė uniforma

یونیفارم

uniforma

بِلِۍ
....
seilinukas

کرنکشی
....
žindukas

نیپي
....
vystyklai

سرور
serveris

د دوسیه الماری
dokumentų spinta

پرینتر
spausdintuvas

ورق
popierius

مانیټور
vaizduoklis

ماوس
pelė

دېسک
rašomasis stalas

فولدر
aplankas

کي بورد
klaviatūra

اشغالدانی
šiukšliadėžė

کمپیوټر
kompiuteris

چوکی
kėdė

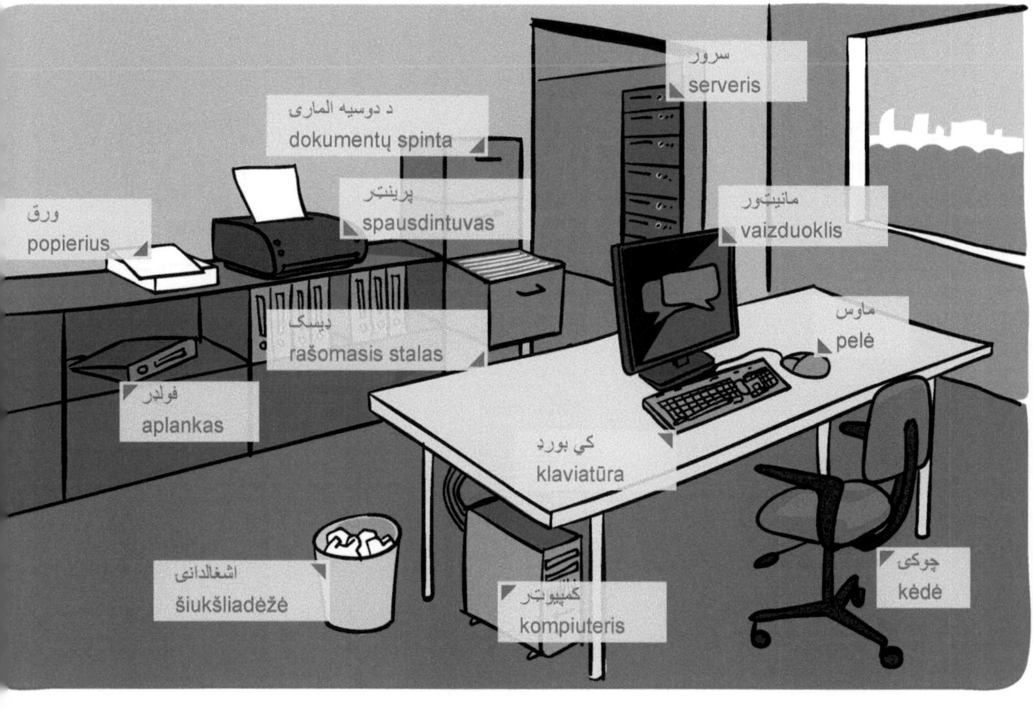

د کافي پیاله
kavos puodelis

کالکولیټر
kalkuliatorius

انټرنیټ
internetas

لپ ‌ت‌اپ
....
nešiojamasis kompiuteris

ليک
....
laiškas

پيغام
....
žinutė

موبايل
....
mobilusis telefonas

نيت‌ورک
....
tinklas

فوت‌وکاپير
....
fotokopijavimo aparatas

سافت‌وير
....
programinė įranga

ت‌ليفون
....
telefonas

پلک ساکت
....
kištukinis lizdas

فکس م‌شين
....
faksas

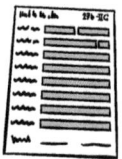

فارم
....
forma

سند
....
dokumentas

پيرل

pirkti

تاديه كول

mokėti

سوداگري كول

prekiauti

پيسي

pinigai

دالر

doleris

يورو

euras

ين

jena

ربل

rublis

سويسي فرانک

Šveicarijos frankas

رينمينبي يوان

juanis

روپۍ

rupija

د نغدي پيسو خاى

bankomatas

د اسعارو د تبادلي دفتر

valiutos keitykla

سره زر

auksas

سپين زر

sidabras

تیل

nafta

انرژي

energija

نرخ

kaina

قرارداد

sutartis

مالیه

mokestis

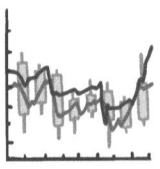

اسهام

akcijos

کار کول

dirbti

کارمند

darbuotojas

کار ګومارونکی

darbdavys

فابریکه

gamykla

پلورنځی

parduotuvė

مسلکونه

profesijos

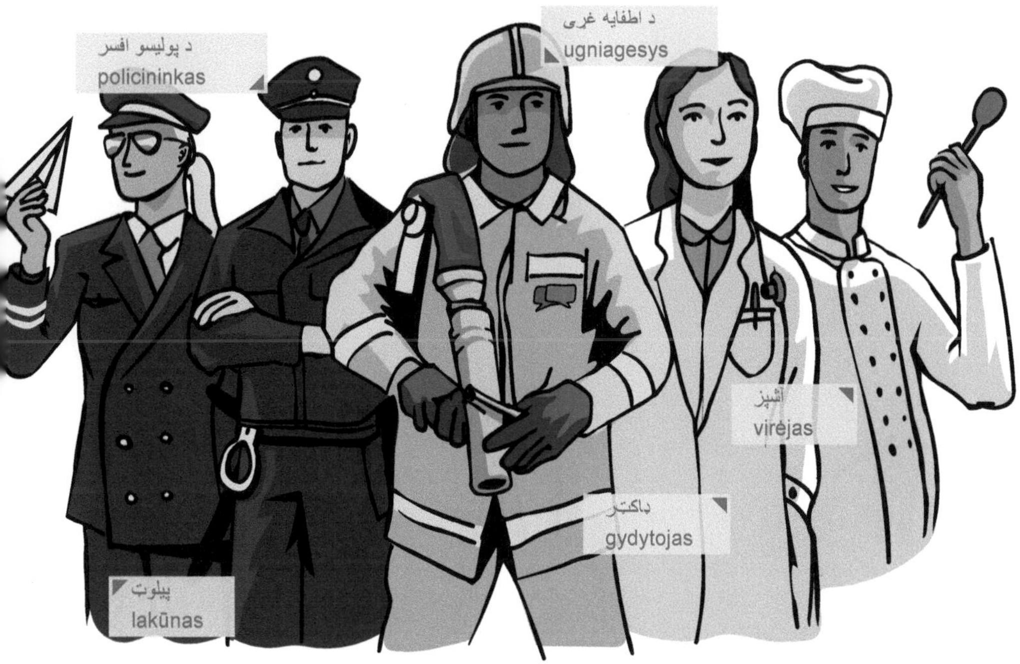

د پولیسو افسر
policininkas
د اطفایه غړی
ugniagesys
آشپز
virėjas
ډاکټر
gydytojas
پیلوټ
lakūnas

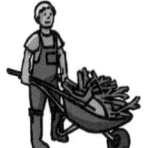

باغوان

....

sodininkas

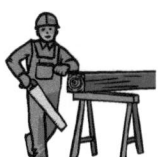

نجار

....

stalius

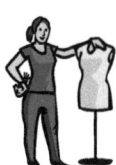

خیاط

....

siuvėja

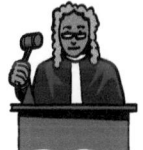

قاضي

....

teisėjas

کیمیا پوه

....

chemikas

د فلم لوبغاړی

....

aktorius

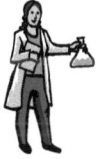

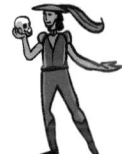

د بس ډرايور

autobuso vairuotojas

د ټيکسي ډرايور

taksi vairuotojas

کب نيونکی

žvejys

خدمه

valytoja

بام جوړونکی

stogdengys

پيشخدمت

padavėjas

ښکاري

medžiotojas

نقاش

dailininkas

نانوا

kepėjas

د بریښنا کارکونکی

elektrikas

تعمير جوړونکی

statybininkas

انجنير

inžinierius

قصاب

mėsininkas

نلدوان

santechnikas

پوست رسونکی

paštininkas

سرتیری

kareivis

مهندس

architektas

صراف

kasininkas

مالیار

gėlininkas

نایی

kirpėjas

کلیندر

konduktorius

میکانیک

mechanikas

کپتان

kapitonas

د غابنونو داکتر

odontologas

ساینس پوه

mokslininkas

ښاغلی

rabinas

امام

imamas

مذهبی نفر

vienuolis

پادري

kunigas

لوازم

įrankiai

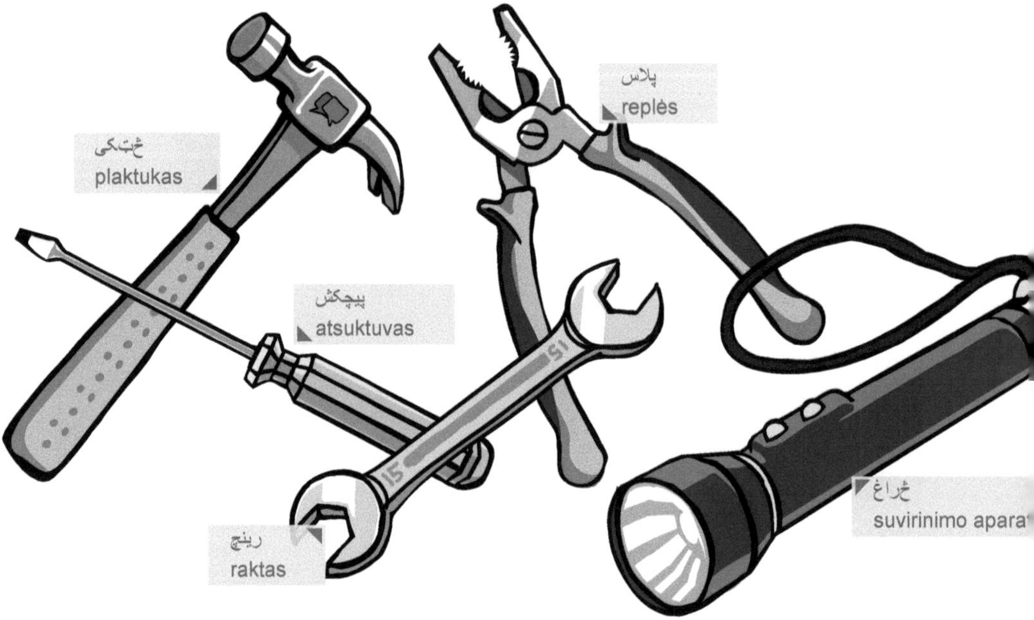
ځټکی
plaktukas
پلاس
replės
پیچکش
atsuktuvas
رینچ
raktas
ځراغ
suvirinimo apara

کنستونکی
....
ekskavatorius

د لوازمو بکس
....
įrankių dėžė

زینه
....
kopėčios

اره
....
pjūklas

میخونه
....
vinys

برمه
....
grąžtas

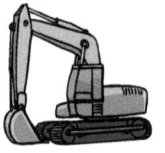

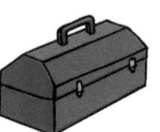

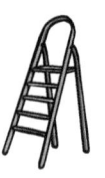

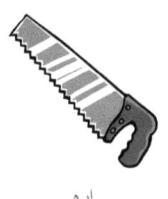

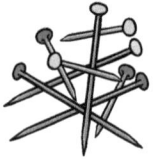

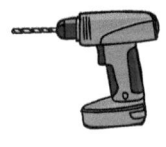

ترمیم کول

taisyti

بیل

kastuvas

لعنت!

Velniava!

خاک انداز

semtuvėlis

مشوانۍ

dažų skardinė

پیچونه

varžtai

د میوزیک آلات

muzikos instrumentai

لاود سپیکر
garsiakalbis

ډرم سيټ
būgnų rinkinys

کیتار
gitara

کنټرباس
kontrabosas

ترومپیټ
trimitas

پیانو

pianinas

وایلن

smuikas

باس

bosinė gitara

نغاره

timpanas

درمونه

būgnai

کي بورد

sintezatorius

سیکسافون

saksofonas

شپیلی

fleita

مایکروفون

mikrofonas

د میوزیک آلات - muzikos instrumentai

zoologijos sodas

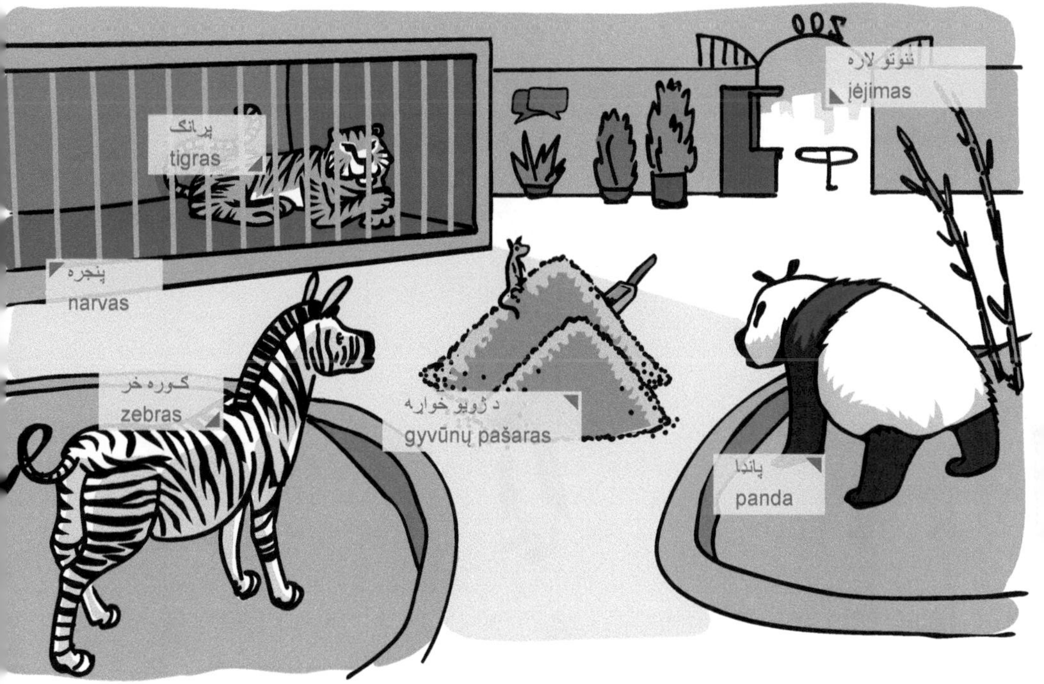
ننوتو لاره
įėjimas
پړانګ
tigras
پنجره
narvas
ګوره خر
zebras
د ژویو خواره
gyvūnų pašaras
پانډا
panda

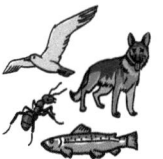

ژوی
gyvūnai

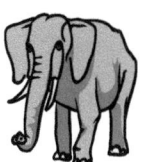

هاتي
dramblys

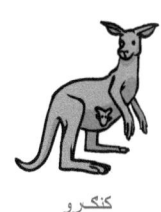

کنګرو
kengūra

د اوبو اسپ
raganosis

ګوریلا
gorila

ایږه
meška

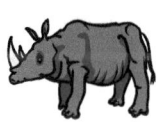

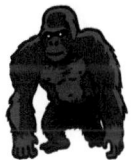

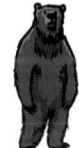

اوښ

....

kupranugaris

شترمرغ

....

strutis

زمری

....

liūtas

بيزو

....

beždžionė

غزی

....

flamingas

طوطي

....

papūga

قطبي ايره

....

baltoji meška

پینگوین

....

pingvinas

شارک

....

ryklys

طاوس

....

povas

مار

....

gyvatė

تمساح

....

krokodilas

ژوبن ساتونکی

....

zoologijos sodo prižiūrėtojas

سیل

....

ruonis

جگوار

....

jaguaras

يابو

ponis

پرنگ

leopardas

هيپو

begemotas

زرافه

žirafa

باز

erelis

نرخوک

šernas

کب

žuvis

شمشتی

vėžlys

سمندري نولی

vėplys

کيدره

lapė

هوسی

gazelė

امریکایی فتبال
amerikietiškas futbolas

سایکل ځغلول
dviračių sportas

ټینس
tenisas

باسکیټبال
krepšinis

لامبو
plaukimas

د ګنګل هاکي
ledo ritulys

باکسینګ
boksas

فتبال
....
futbolas

کسیزه
....
badmintonas

د ځغاستي لوبي
....
atletika

د هندبال
....
rankinis

سکي
....
slidinėjimas

پولو
....
polas

خندل
juoktis

تـوپ وهل
šokinėti

غاړه ورکول
apkabinti

کـرخيدل
vaikščioti

سندري ويل
dainuoti

خوب ليدل
svajoti

عبادت کول
melstis

مچو کول
bučiuoti

لیکل
rašyti

کښل
piešti

ښودل
rodyti

ټيله کول
stumti

ورکول
duoti

اخيستل
imti

درلودل

turėti

کول

daryti

پاييدل

būti

ودريدل

stovėti

مندي وهل

bėgti

راكبنل

traukti

ګوزارل

mesti

لويدل

kristi

ګملاستل

meluoti

انتظار کول

laukti

ورل

nešti

کبنڼيناستل

sėdėti

پوښ،اک اغوستل

rengtis

ويده كيدل

miegoti

پاڅيدل

pabusti

کتل

žiūrėti

ژرل

verkti

بريد گول

glostyti

گمذخ کول

šukuoti

خبري کول

kalbėti

پوهيدل

suprasti

غوښتل

paklausti

اوريدل

klausytis

څښل

gerti

خورل

valgyti

پاکول

tvarkytis

مينه کول

mylėti

پخلی کول

gaminti

موټر چلول

vairuoti

الوتل

skristi

بیری چلول

buriuoti

حساب

skaičiuoti

لوستل

skaityti

زده کول

mokytis

کار کول

dirbti

واده کول

vesti

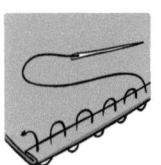

ګندل

siūti

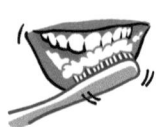

د غاښونو برس کول

valytis dantis

وژل

žudyti

سگرټ څکول

rūkyti

لیږل

siųsti

کورنۍ

šeima

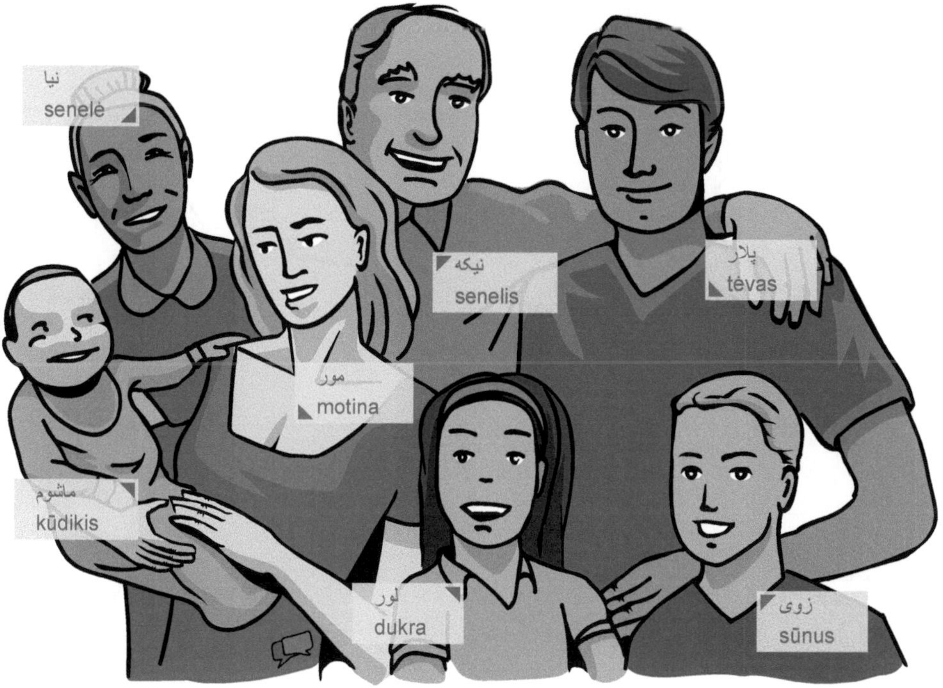
نیا
senelė
نیکه
senelis
پلار
tėvas
مور
motina
ماشوم
kūdikis
لور
dukra
زوی
sūnus

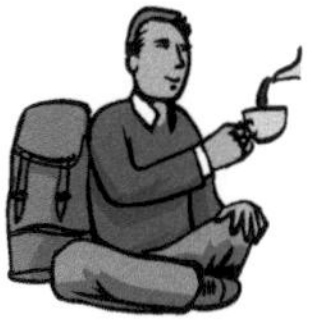

میلمه

svečias

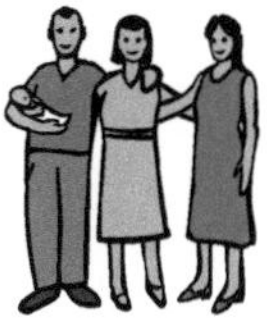

ترور

teta

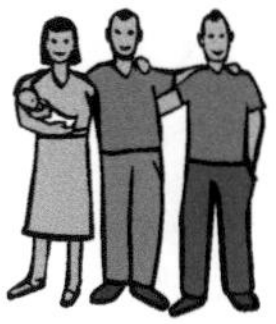

کاکا/ماما

dėdė

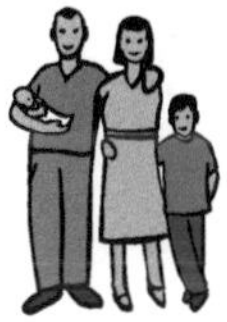

ورور

brolis

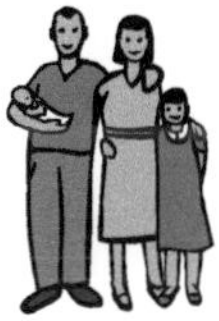

خور

sesuo

بدن
kūnas

تندی
kakta
سترګې
akis
اوږه
petys
ګوته
pirštas
مخ
veidas
زنه
smakras
لاس
plaštaka
سینه
krūtinė
پښه
koja
مټ
ranka

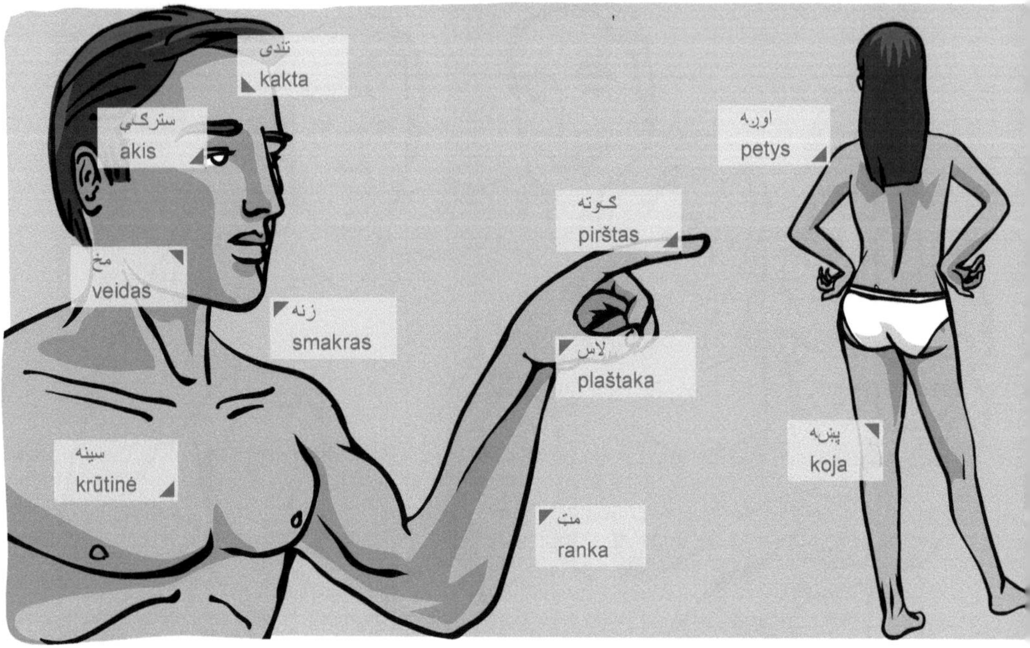

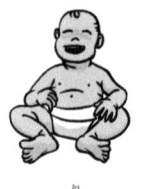

ماشوم
....
kūdikis

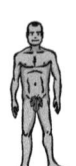

سړی
....
vyras

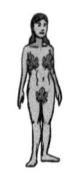

ښځه
....
moteris

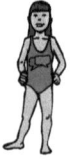

انجلۍ
....
mergaitė

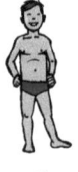

هلک
....
berniukas

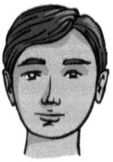

سر
....
galva

شا

nugara

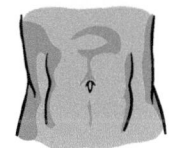

خيټه

pilvas

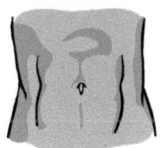

نوم

bamba

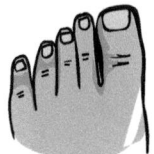

د پښې ګوته

kojos pirštas

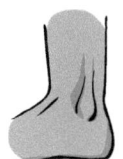

پونده

kulnas

هډوکی

kaulas

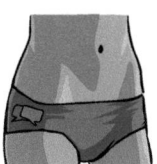

کوناټی

klubas

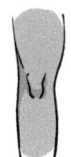

زنګون

kelis

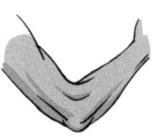

څنګل

alkūnė

پوزه

nosis

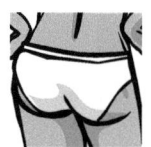

لاندي برخه

sėdmenys

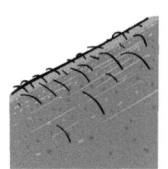

پوټکی

oda

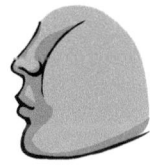

غومبوری

skruostas

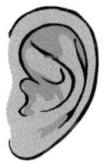

غوږ

ausis

شونډه

lūpa

خوله

burna

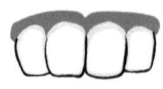

غاښ

dantis

ژبه

liežuvis

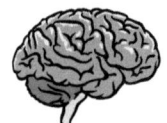

مغز

smegenys

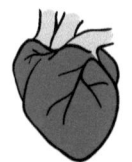

زړه

širdis

عضله

raumuo

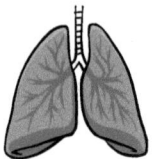

سږی

plaučiai

ځيگر

kepenys

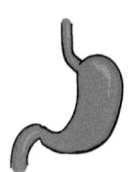

معده

skrandis

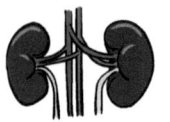

پښتورګي

inkstai

جنسي نږدي والی

seksas

کاندوم

prezervatyvas

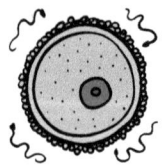

تخمه

kiaušialąstė

مني

sperma

حمل

nėštumas

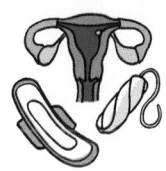

حيض

menstruacijos

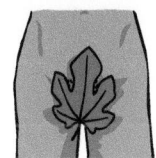

مهبل

makštis

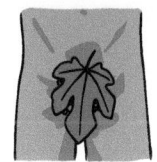

د نارینه نناسلي آله

varpa

وروځی

antakis

ويښته

plaukai

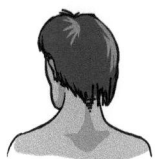

غاړه

kaklas

روغتون
ligoninė

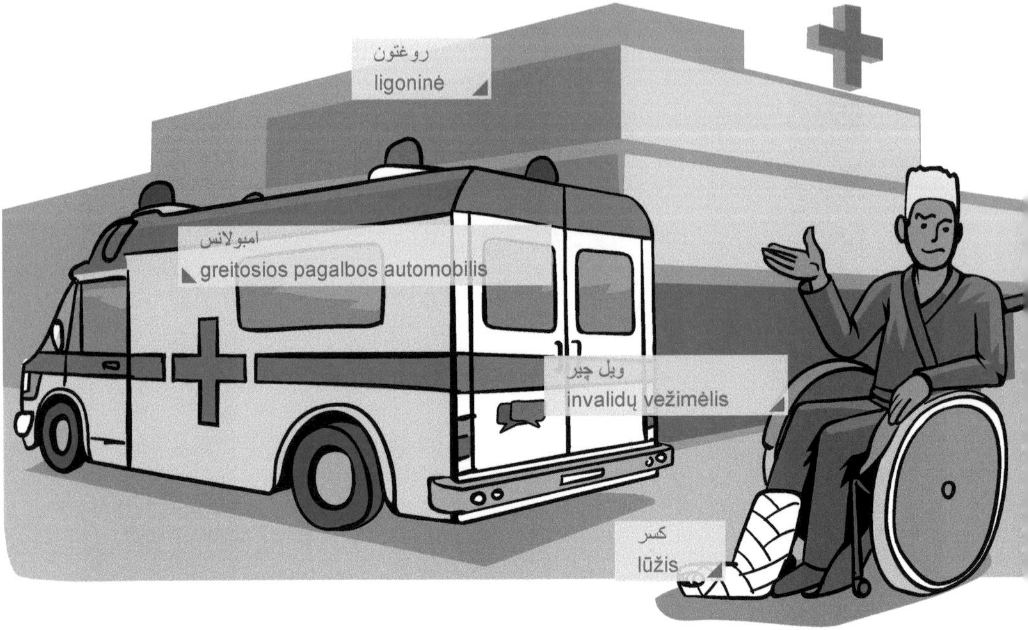

روغتون
ligoninė
امبولانس
greitosios pagalbos automobilis
ویل چیر
invalidų vežimėlis
کسر
lūžis

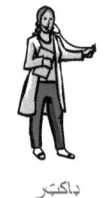

ډاکټر

gydytojas

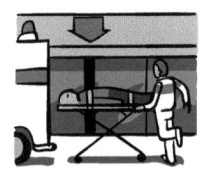

عاجل خونه

skubios pagalbos skyrius

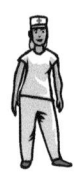

رنځورپال

slaugytoja

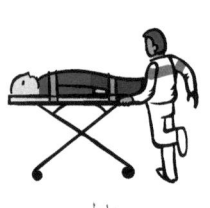

عاجل

nelaimingas atsitikimas

بې هوش

be sąmonės

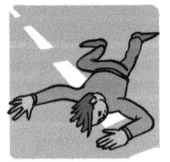

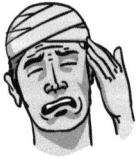

درد

skausmas

پتپ

sužalojimas

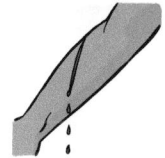

د وینه تویدل

kraujavimas

د زړه حمله

širdies smūgis

ضرب

insultas

حساسیت

alergija

ټوخی

kosulys

تبه

karščiavimas

انفلوینزا

gripas

نس ناستی

viduriavimas

سر درد

galvos skausmas

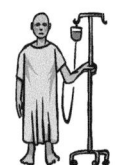

سرطان

vėžys

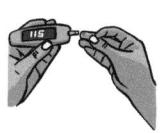

شکر

diabetas

جراح

chirurgas

سکالپل

skalpelis

عملیات

operacija

سيتيي
KT

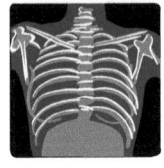

ايكس ری
rentgenas

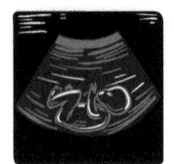

التراساوند
ultragarsas

د خم ماسک
veido kaukė

ناروغي
liga

انتظار خونه
laukiamasis

امسآ
ramentas

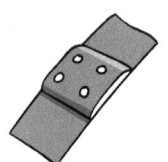

پلستر
gipsas

بنداژ
tvarstis

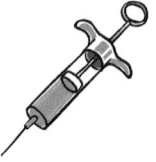

تزریق
injekcija

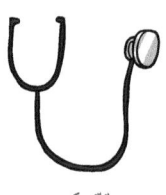

ستاتسکوپ
stetoskopas

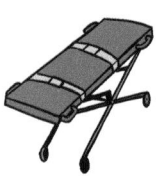

تسکیره
neštuvai

کلینکي ترماميتر
termometras

زيرون
gimimas

زيات وزن
antsvoris

د اوريدو مرسته

klausos aparatas

د ساسونيت ثنه پاکونکي سواد

dezinfekavimo priemonė

عفونيت

infekcija

ويروس

virusas

ايچ.آي.وي/ايدز

ŽIV / AIDS

درمل

vaistas

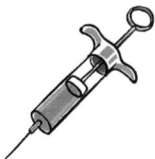

واکسين

skiepijimas

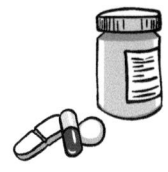

ټابلېټس

tabletės

ګولۍ

piliulė

عاجل تلیفون

skubios pagalbos numeris

د ويني د فشار څارونکی

kraujospūdžio matuoklis

ناروغ/روغ

ligotas / sveikas

nelaimingas atsitikimas

مرسته!

Padėkite!

الارم

pavojaus signalas

يرغل

užpuolimas

بريد

ataka

خطر

pavojus

عاجل لاره

avarinis išėjimas

اور!

Gaisras!

د اور وژونکی

gesintuvas

پیښه

nelaimingas atsitikimas

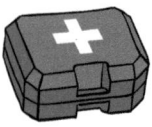

د لومړی مرستي لوازم

pirmosios pagalbos rinkinys

ایس.او.ایس

SOS

پولیس

policija

اروپا

Europa

شمالي امريکا

Šiaurės Amerika

سهيلي امريکا

Pietų Amerika

افريقا

Afrika

آسيا

Azija

آستريليا

Australija

اتلانتیک

Atlanto vandenynas

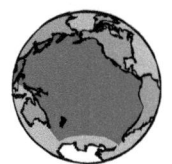

پاسيفيک

Ramusis vandenynas

د هند بحر

Indijos vandenynas

جنوبي منجمد بحر

Pietų vandenynas

د شمال قطب بحر

Arkties vandenynas

شمالي قطب

Šiaurės ašigalis

سهيلي قطب

Pietų ašigalis

انتارکتیکا

Antarktida

خُمکه

Žemė

خُمکه

sausuma

بحر

jūra

ټاپو

sala

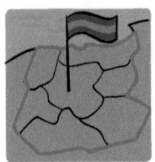

ملت

tauta

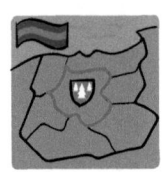

دولت

valstybė

د مخې ساعت

ciferblatas

د ساعت ستنه

valandinė rodyklė

د دقيقي ستنه

minutinė rodyklė

د ثانیي ستنه

sekundinė rodyklė

څه وخت دی؟

Kiek valandų?

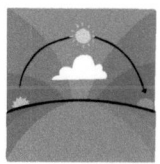

ورځ

diena

وخت

laikas

اوس

dabar

ديجيټل ساعت

skaitmeninis laikrodis

دقیقه

minutė

ساعت

valanda

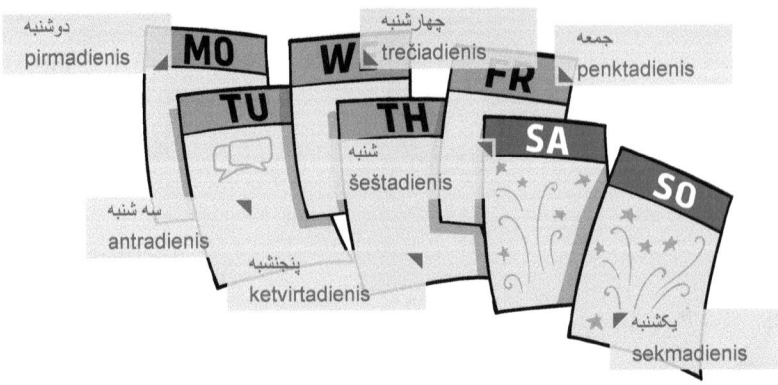

دوشنبه
pirmadienis

چهارشنبه
trečiadienis

جمعه
penktadienis

سه‌شنبه
antradienis

شنبه
šeštadienis

پنجشنبه
ketvirtadienis

یکشنبه
sekmadienis

پرون
vakar

نن
šiandien

سبا
rytoj

سهار
rytas

غرمه
vidurdienis

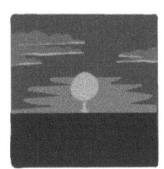

ماښام
vakaras

MO	TU	WE	TH	FR	SA	SU
1	2	3	4	5	6	7
8	9	10	11	12	13	14
15	16	17	18	19	20	21
22	23	24	25	26	27	28
29	30	31	1	2	3	4

کاري ورځي
darbo dienos

MO	TU	WE	TH	FR	SA	SU
1	2	3	4	5	6	7
8	9	10	11	12	13	14
15	16	17	18	19	20	21
22	23	24	25	26	27	28
29	30	31	1	2	3	4

د اونۍ پای
savaitgalis

کال

metai

باران
lietus
رنګین کمان
vaivorykštė
باد
vėjas
واوره
sniegas
پسرلی
pavasaris
منی
ruduo
اوړی
vasara
ژمی
žiema

4.APRIL 11°
5.APRIL 4°
6.APRIL 13°
7.APRIL 8°
8.APRIL 10°

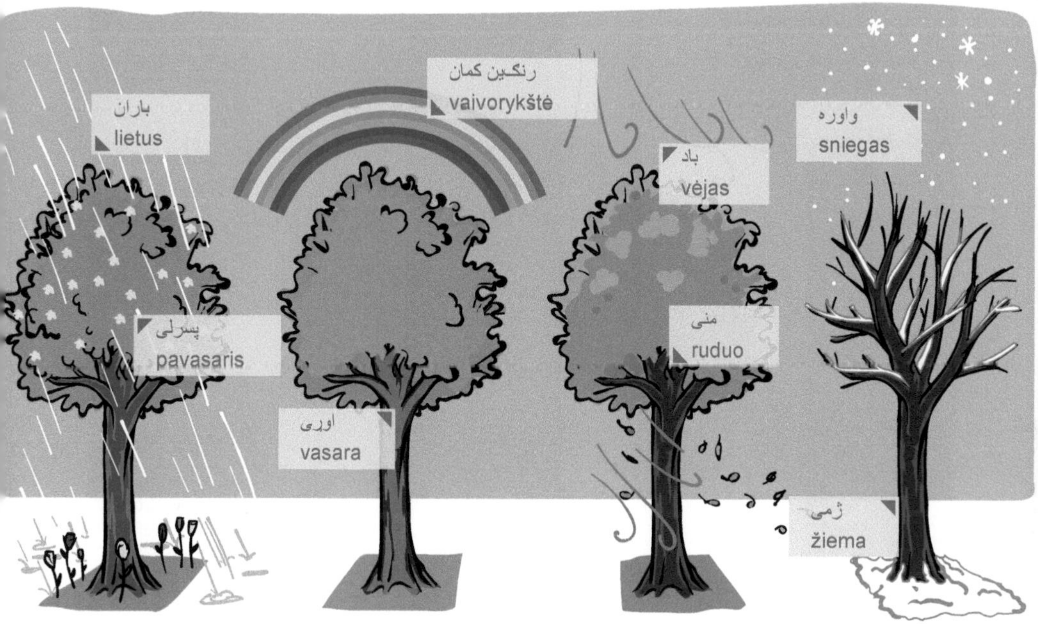

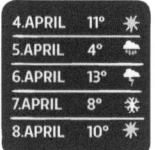

د موسم وړاندوینه
orų prognozė

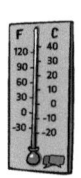

F C
120 40
90 30
60 20
30 10
0 0
-30 -10
-20

ترموميټر
lauko termometras

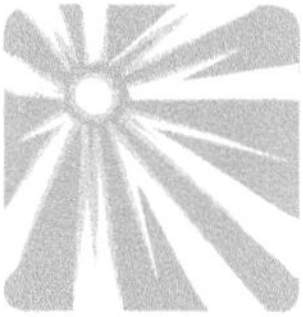

د لمر وړانګې
saulės šviesa

وريځ
debesis

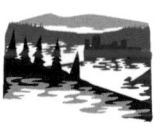

لړه
rūkas

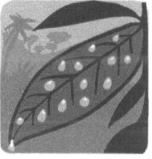

رطوبت
drėgmė

رعنا

žaibas

تندر

griaustinis

توفان

audra

ژلی وریدل

kruša

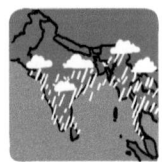

مون سون باران

musonas

سیلاب

potvynis

یخ

ledas

جنوري

sausis

فبروري

vasaris

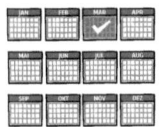

مارچ

kovas

اپریل

balandis

می

gegužė

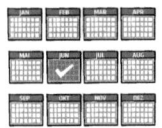

جون

birželis

جولای

liepa

اکست

rugpjūtis

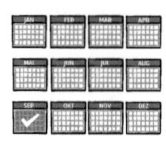

سپتمبر
....
rugsėjis

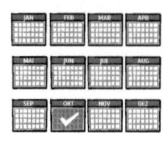

اكتوبر
....
spalis

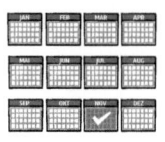

نومبر
....
lapkritis

دسمبر
....
gruodis

دايره
....
apskritimas

مربع
....
kvadratas

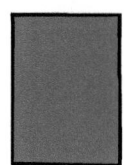

مستطيل
....
stačiakampis

مثلث
....
trikampis

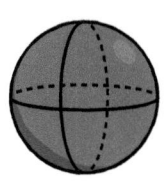

نوپ
....
sfera

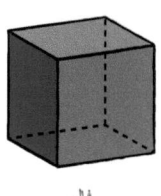

قال
....
kubas

سپين

balta

ژير

geltona

نارنجي

oranžinė

ګلابي

rožinė

سور

raudona

ارغواني

violetinė

نيلي

mėlyna

شين

žalia

نسواري

ruda

خُر

pilka

تور

juoda

خورا ډیر/خورا لږ

daug / mažai

قار/ارام

piktas / ramus

ښکلی/بدشکله

gražus / bjaurus

پیل/پای

pradžia / pabaiga

لوی/کوچنی

didelis / mažas

روښانه/تیاره

šviesus / tamsus

ورور/خور

brolis / sesuo

پاک/ککر

švarus / purvinas

مکمل/نامکمل

užbaigtas / neužbaigtas

ورځ/شپه

diena / naktis

مړ/ژوندی

miręs / gyvas

پراخه/نری

platus / siauras

د خوراک ور/نه خورل کیدونکی
....
valgomas / nevalgomas

بد/مهربان
....
piktas / malonus

پاریدلی/بی خونده
....
linksmas / nuobodus

چاق/و چ
....
storas / plonas

لومړي/اوروستی
....
pirmiausia / paskiausia

ملگری/دښمن
....
draugas / priešas

ډک/تش
....
pilnas / tuščias

سخت/نرم
....
kietas / minkštas

درو ند/سپک
....
sunkus / lengvas

لوږه/تنده
....
alkis / troškulys

ناروغ/روغ
....
ligotas / sveikas

غیرقانونی/قانوني
....
nelegalus / legalus

هوښیار/ساده
....
protingas / kvailas

کبڼ/ښی یي
....
kairė / dešinė

نږدې/لری
....
arti / toli

نوی/زور

naujas / naudotas

هیڅ/یو څه

niekas / kažkas

بدا/خوان

senas / jaunas

چالا/د/بند

įjungta / išjungta

خلاص/ترلی

atidaryta / uždaryta

غلی/لور غږ

tylus / garsus

بډای/ه/غریب

turtingas / vargšas

صحیح/غلط

teisus / neteisus

زیر/ملایم

šiurkštus / švelnus

خفه/خوښ

liūdnas / laimingas

لنډ/اوږد

trumpas / ilgas

سست/گرندی

lėtas / greitas

لوند/وچ

drėgnas / sausas

گرم/یخ

šiltas / šaltas

جگړه/سوله

karas / taika

0	**1**	**2**
صفر	یو	دوه
nulis	vienas	du
3	**4**	**5**
دري	څلور	پنځه
trys	keturi	penki
6	**7**	**8**
شپږ	اوه	اته
šeši	septyni	aštuoni
9	**10**	**11**
نهه	لس	یولس
devyni	dešimt	vienuolika

12
سلود
dvylika

13
سلاريد
trylika

14
سلاروخ
keturiolika

15
سلخذپ
penkiolika

16
سرابش
šešiolika

17
سلووو
septyniolika

18
سلتا
aštuoniolika

19
سلون
devyniolika

20
لش
dvidešimt

100
لس
šimtas

1.000
رز
tūkstantis

1.000.000
ملیون
milijonas

انګلسي

anglų

امریکایی انګلسي

amerikiečių anglų

چینایی مندرین

kinų (mandarinų)

هندي

hindi

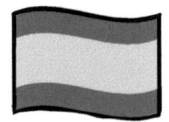

هسپانوي

ispanų

فرانسوي

prancūzų

عربي

arabų

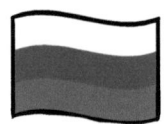

روسي

rusų

پرتګالي

portugalų

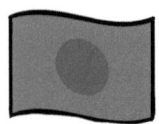

بنګالي

bengalų

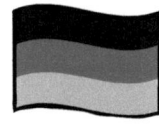

آلماني

vokiečių

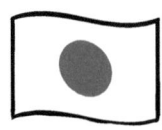

جاپاني

japonų

زه

aš

ته

tu

هغه/دغه/دا

jis / ji

مور

mes

تاسي

jūs

دوی/هغوی

jie

څوک؟

kas?

څه؟

ką?

څنگه؟

kaip?

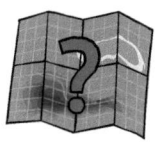

چیري؟

kur?

كله؟

kada?

لوم

vardas

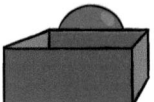

شاته
....
už

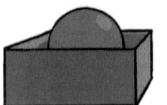

په
....
kur (vieta)

په مخه کي
....
priešais

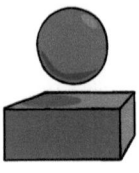

باندي
....
virš

په
....
ant

لاندي
....
po

برسيره پر
....
prie

ترمينځ
....
tarp

ځای
....
vieta